Gymnastics
goalbook

Contents

♡ Gymnastics Info ♡

Name: _______________________________

Age: _______________________________

Level: _______________________________

Club: _______________________________

Coach/es: _______________________________

Favorite skill/s:_______________________________

____

Favorite apparatus/s: _______________________________

____

Favorite gymnast who inspires you: _______________________________

____

Favorite leotard color: _______________________________

Inspirational words or quotes:

Inspirational words or quotes:

My Yearly Training Goals:

Date: ______________________

 You can do it! 

My Yearly Training Outcomes:

Date: _______________

____

____

____

____

____

____

____

____

____

____

____

 Go for gold! 

My Yearly Training Goals:

Date: ___________________

____

 Dreams are possible 

My Yearly Training Outcomes:

Date: ___________________

____

Flipping out is fun!

My Training Goals:

Date: _______________________

Vault: ____

____

____

Uneven Bars: _________________________________

____

____

Beam: _______________________________________

____

____

Floor: _______________________________________

____

____

Extra Comments: _____________________________

____

____

 Don't give up! 

My Training Outcomes:

Date: _________________

Vault: _____________________________________

____

____

Uneven Bars: _______________________________

____

____

Beam: _____________________________________

____

____

Floor: _____________________________________

____

____

Extra Comments: ____________________________

____

____

 Train like a champion 

My Training Goals:

Date: _______________________

Vault: ____

____

____

Uneven Bars: _____________________________________

____

____

Beam: ____

____

____

Floor: ____

____

____

Extra Comments: _________________________________

____

____

 Aim high! 

My Training Outcomes:

Date: _______________________

Vault: ____

____

____

Uneven Bars: _______________________________________

____

____

Beam: ____

____

____

Floor: ____

____

____

Extra Comments: ___________________________________

____

____

My Training Goals:

Date: _______________________

Vault: ____

____

____

Uneven Bars: ____________________________________

____

____

Beam: ____

____

____

Floor: ____

____

____

Extra Comments: _________________________________

____

____

 If you don't try – you won't know
what you're actually capable of 

My Training Outcomes:

Date: _________________________

Vault: ____

____

Uneven Bars: _____________________________

____

Beam: ____

____

Floor: _______________________________________

____

Extra Comments: __________________________

____

____

My Training Goals:

Date: _______________

Vault: ____

____

____

Uneven Bars: _____________________________________

____

____

Beam: ____

____

____

Floor: ____

____

____

Extra Comments: _________________________________

____

____

My Training Outcomes:

Date: _______________

Vault: ____

____

____

Uneven Bars: _______________________________________

____

____

Beam: ____

____

____

Floor: ____

____

____

Extra Comments: ___________________________________

____

____

Date: ________________

Vault: ____

____

____

Uneven Bars: ________________________________

____

____

Beam: ____

____

____

Floor: ____

____

____

Extra Comments: ____________________________

____

____

My Training Outcomes:

Date: _______________________

Vault: ____

____

____

Uneven Bars: _______________________________________

____

____

Beam: ____

____

____

Floor: ____

____

____

Extra Comments: ___________________________________

____

____

 Be flexible, be strong. And smile! 

My Training Goals:

Date: _______________

Vault: _______________________________

____

____

Uneven Bars: _________________________

____

____

Beam: _________________________________

____

____

Floor: ________________________________

____

____

Extra Comments: ______________________

____

____

 You can do it! 

My Training Outcomes:

Date: _______________________

Vault: ____

____

____

Uneven Bars: ____________________________________

____

____

Beam: ____

____

____

Floor: ____

____

____

Extra Comments: _________________________________

____

____

 Go for gold! 

My Training Goals:

Date: _______________

Vault: _______________________________

____

____

Uneven Bars: ___________________________

____

____

Beam: _________________________________

____

____

Floor: _________________________________

____

____

Extra Comments: ________________________

____

____

 Dreams are possible 

My Training Outcomes:

Date: _______________________

Vault: ____

____

____

Uneven Bars: _______________________________________

____

____

Beam: ____

____

____

Floor: ____

____

____

Extra Comments: ___________________________________

____

____

 Flipping out is fun!

My Training Goals:

Date: _______________

Vault: _____________________________________

____

____

Uneven Bars: _______________________________

____

____

Beam: ______________________________________

____

____

Floor: ______________________________________

____

____

Extra Comments: ____________________________

____

____

 Don't give up! 

Date: _______________________

Vault: ____

____

____

Uneven Bars: ____________________________________

____

____

Beam: ____

____

____

Floor: ____

____

____

Extra Comments: ________________________________

____

____

 Train like a champion

My Training Goals:

Date: _______________________

Vault: _________________________________

____

____

Uneven Bars: ____________________________

____

____

Beam: __________________________________

____

____

Floor: _________________________________

____

____

Extra Comments: _________________________

____

____

My Training Outcomes:

Date: _________________

Vault: _______________________________________

____

____

Uneven Bars: _________________________________

____

____

Beam: ____

____

____

Floor: _______________________________________

____

____

Extra Comments: ______________________________

____

____

My Training Goals:

Date: _______________

Vault: _______________________________________

____

____

Uneven Bars: _____________________________________

____

____

Beam: ____

____

____

Floor: ____

____

____

Extra Comments: __________________________________

____

____

 Split leaps count as flying! ♡

My Training Outcomes:

Date: ___________________

Vault: _______________________________________

____

____

Uneven Bars: _________________________________

____

____

Beam: _______________________________________

____

____

Floor: _______________________________________

____

____

Extra Comments: _____________________________

____

____

Date: _______________

Vault: ____

____

____

Uneven Bars: ____________________________________

____

____

Beam: ____

____

____

Floor: ____

____

____

Extra Comments: _________________________________

____

____

 If you don't try – you won't know
what you're actually capable of 

My Training Outcomes:

Date: _________________

Vault: _________________________________

____

____

Uneven Bars: ____________________________

____

____

Beam: _______________________________

____

____

Floor: _______________________________

____

____

Extra Comments: _________________________

____

____

 You got this! 

My Training Goals:

Date: _______________________

Vault: _______________________________________

____

____

Uneven Bars: _______________________________

____

____

Beam: ____

____

____

Floor: ____

____

____

Extra Comments: _____________________________

____

____

 The awesome four - vault, bars, beam and floor! 

My Training Outcomes:

Date: ___________________

Vault: ____

____

____

Uneven Bars: ____________________________________

____

____

Beam: ____

____

____

Floor: ____

____

____

Extra Comments: _________________________________

____

____

 Don't forget to have fun 

My Training Goals:

Date: ______________________

Vault: ____

____

____

Uneven Bars: ____________________________________

____

____

Beam: ____

____

____

Floor: ____

____

____

Extra Comments: _________________________________

____

____

 Run towards a challenge, not away from it 

My Training Outcomes:

Date: _______________________

Vault: ___________________________________

____

____

Uneven Bars: _____________________________

____

____

Beam: ___________________________________

____

____

Floor: __________________________________

____

____

Extra Comments: __________________________

____

____

 Split like a banana

My Training Goals:

Date: _______________________

Vault: ____

____

____

Uneven Bars: ____________________________________

____

____

Beam: ____

____

____

Floor: ____

____

____

Extra Comments: _________________________________

____

____

 You're amazing 

My Training Outcomes:

Date: _______________________

Vault: ____

____

____

Uneven Bars: _____________________________________

____

____

Beam: ____

____

____

Floor: ____

____

____

Extra Comments: __________________________________

____

____

 Believe – achieve

My Training Goals:

Date: ________________

Vault: ____

____

____

Uneven Bars: ___________________________________

____

____

Beam: ____

____

____

Floor: ____

____

____

Extra Comments: ________________________________

____

____

My Training Outcomes:

Date: _______________________

Vault: ____

____

____

Uneven Bars: ____________________________________

____

____

Beam: ____

____

____

Floor: ____

____

____

Extra Comments: _________________________________

____

____

♡ Be flexible, be strong. And smile! ♡

My Training Goals:

Date: _______________

Vault: ____

____

____

Uneven Bars: ____________________________________

____

____

Beam: ____

____

____

Floor: ____

____

____

Extra Comments: _________________________________

____

____

 You can do it! 

My Training Outcomes:

Date: ___________________

Vault: _______________________________________

____

____

Uneven Bars: ________________________________

____

____

Beam: ______________________________________

____

____

Floor: ______________________________________

____

____

Extra Comments: ____________________________

____

____

My Training Goals:

Date: _______________

Vault: _____________________________________

____

____

Uneven Bars: _______________________________

____

____

Beam: _____________________________________

____

____

Floor: _____________________________________

____

____

Extra Comments: ____________________________

____

____

 Dreams are possible 

My Training Outcomes:

Date: _________________________

Vault: ____

____

____

Uneven Bars: ___________________________________

____

____

Beam: ____

____

____

Floor: ____

____

____

Extra Comments: _______________________________

____

____

My Training Goals:

Date: _______________

Vault: ____

____

____

Uneven Bars: _______________________________________

____

____

Beam: ____

____

____

Floor: ____

____

____

Extra Comments: ____________________________________

____

____

 Don't give up! 

My Training Outcomes:

Date: _______________

Vault: _________________________________

____

____

Uneven Bars: _____________________________

____

____

Beam: ___________________________________

____

____

Floor: __________________________________

____

____

Extra Comments: __________________________

____

____

 Train like a champion

My Training Goals:

Date: _______________________

Vault: _________________________________

____

____

Uneven Bars: ___________________________

____

____

Beam: __________________________________

____

____

Floor: _________________________________

____

____

Extra Comments: ________________________

____

____

Aim high!

My Training Outcomes:

Date: _______________________

Vault: ____

____

____

Uneven Bars: ____________________________________

____

____

Beam: ____

____

____

Floor: ____

____

____

Extra Comments: _________________________________

____

____

 You're a star! 

My Training Goals:

Date: _______________

Vault: _______________________________________

____

____

Uneven Bars: _______________________________

____

____

Beam: ____

____

____

Floor: ____

____

____

Extra Comments: _____________________________

____

____

My Training Outcomes:

Date: _________________________

Vault: ____

____

____

Uneven Bars: _______________________________

____

____

Beam: ____________________________________

____

____

Floor: ____________________________________

____

____

Extra Comments: ___________________________

____

____

My Training Goals:

Date: _______________________

Vault: _________________________________

____

____

Uneven Bars: _____________________________

____

____

Beam: __________________________________

____

____

Floor: _________________________________

____

____

Extra Comments: __________________________

____

____

 If you don't try – you won't know
what you're actually capable of 

My Training Outcomes:

Date: ___________________

Vault: ___________________________________

____

____

Uneven Bars: _____________________________

____

____

Beam: ____________________________________

____

____

Floor: ___________________________________

____

____

Extra Comments: __________________________

____

____

 You got this! 

My Training Goals:

Date: _______________________

Vault: ____

____

____

Uneven Bars: ____________________________________

____

____

Beam: ____

____

____

Floor: ____

____

____

Extra Comments: _________________________________

____

____

 The awesome four - vault, bars, beam and floor! 

My Training Outcomes:

Date: _______________

Vault: _______________________________

____

____

Uneven Bars: ___________________________

____

____

Beam: _________________________________

____

____

Floor: _________________________________

____

____

Extra Comments: ________________________

____

____

 Don't forget to have fun 

My Training Goals:

Date: ___________________

Vault: ____

____

____

Uneven Bars: ____

____

____

Beam: ____

____

____

Floor: ____

____

____

Extra Comments: ____

____

____

 Run towards a challenge, not away from it 

Date: _______________________

Vault: ____

____

____

Uneven Bars: ___________________________________

____

____

Beam: ____

____

____

Floor: ____

____

____

Extra Comments: __________________________________

____

____

 Split like a banana

My Training Goals:

Date: _________________________

Vault: ____

____

____

Uneven Bars: _____________________________

____

____

Beam: __________________________________

____

____

Floor: __________________________________

____

____

Extra Comments: _________________________

____

____

 You're amazing 

My Training Outcomes:

Date: _______________________

Vault: ____

____

____

Uneven Bars: ___________________________________

____

____

Beam: ____

____

____

Floor: ____

____

____

Extra Comments: ________________________________

____

____

My Training Goals:

Date: _______________________

Vault: ____

____

____

Uneven Bars: ___________________________________

____

____

Beam: ____

____

____

Floor: ____

____

____

Extra Comments: ________________________________

____

____

 ...it's a gymnast thing 

My Training Outcomes:

Date: ___________________

Vault: ___________________________________

____

Uneven Bars: ___________________________

____

Beam: ___________________________________

____

Floor: ___________________________________

____

Extra Comments: _________________________

____

 Be flexible, be strong. And smile! 

My Training Goals:

Date: _______________

Vault: ____

____

____

Uneven Bars: ____

____

____

Beam: ____

____

____

Floor: ____

____

____

Extra Comments: ______________________________________

____

____

 You can do it! 

My Training Outcomes:

Date: ______________________

Vault: ____

____

____

Uneven Bars: ____________________________________

____

____

Beam: ____

____

____

Floor: ____

____

____

Extra Comments: _________________________________

____

____

Go for gold!

My Training Goals:

Date: _______________

Vault: ____

____

____

Uneven Bars: ____________________________________

____

____

Beam: ____

____

____

Floor: ____

____

____

Extra Comments: _________________________________

____

____

My Training Outcomes:

Date: _______________________

Vault: _______________________________________

____

____

Uneven Bars: _________________________________

____

____

Beam: ____

____

____

Floor: _______________________________________

____

____

Extra Comments: ______________________________

____

____

 Flipping out is fun!

My Training Goals:

Date: _______________________

Vault: ____

____

____

Uneven Bars: ______________________________

____

____

Beam: _______________________________________

____

____

Floor: _______________________________________

____

____

Extra Comments: __________________________

____

____

 Don't give up! 

My Training Outcomes:

Date: _______________________

Vault: ____

____

____

Uneven Bars: ____________________________________

____

____

Beam: ____

____

____

Floor: ____

____

____

Extra Comments: _________________________________

____

____

 Train like a champion 

My Competition Goals:

Date: _______________________

Competition Meet: ___________________________

Vault: ___________________________________

____

____

Uneven Bars: _____________________________

____

____

Beam: ___________________________________

____

____

Floor: ___________________________________

____

____

Extra Comments: __________________________

____

 Split leaps counts as flying!

My Competition Achievements:

Vault: ____

____

Score: ____________________

Uneven Bars: _______________________________

____

Score: ____________________

Beam: ___________________________________

____

Score: ____________________

Floor: _________________________________

____

Score: ____________________

Overall score: ____________________

Overall outcomes: _______________________________

____

____

My Competition Goals:

Date: _______________________

Competition Meet: _______________________________

Vault: _______________________________________

____

____

Uneven Bars: _______________________________

____

____

Beam: _______________________________________

____

____

Floor: _______________________________________

____

____

Extra Comments: _____________________________

____

 Fly like an eagle! 

My Competition Achievements:

Vault: _______________________________________

____

Score: _______________________

Uneven Bars: _______________________________

____

Score: _______________________

Beam: _________________________________

____

Score: _______________________

Floor: ________________________________

____

Score: _______________________

Overall score: _______________________

Overall outcomes: _____________________

____

____

My Competition Goals:

Date: ___________________

Competition Meet: ___________________________________

Vault: ____

____

____

Uneven Bars: ____

____

____

Beam: ____

____

____

Floor: ____

____

____

Extra Comments: ______________________________________

____

If you don't try – you won't know
what you're actually capable of

My Competition Achievements:

Vault: _______________________________________

____

Score: _______________________________________

Uneven Bars: _______________________________________

____

Score: _______________________________________

Beam: _______________________________________

____

Score: _______________________________________

Floor: _______________________________________

____

Score: _______________________________________

Overall score: _______________________________________

Overall outcomes: _______________________________________

____

____

<h1 style="text-align:center">My Competition Goals:</h1>

Date: ______________________

Competition Meet: ______________________

Vault: ______________________

____

____

Uneven Bars: ______________________

____

____

Beam: ______________________

____

____

Floor: ______________________

____

____

Extra Comments: ______________________

____

 The awesome four - vault, bars, beam and floor! 

My Competition Achievements:

Vault: _______________________________________

____

Score: _______________________

Uneven Bars: _______________________________

____

Score: _______________________

Beam: _______________________________________

____

Score: _______________________

Floor: ______________________________________

____

Score: _______________________

Overall score: _______________________

Overall outcomes: ___________________________

____

____

My Competition Goals:

Date: _________________

Competition Meet: _________________________

Vault: ___________________________________

____

____

Uneven Bars: _______________________________

____

____

Beam: _____________________________________

____

____

Floor: ____________________________________

____

____

Extra Comments: ____________________________

____

 Run towards a challenge, not away from it 

My Competition Achievements:

Vault: ____

____

Score: _____________________________

Uneven Bars: _______________________________

____

Score: _____________________________

Beam: _______________________________________

____

Score: _____________________________

Floor: ______________________________________

____

Score: _____________________________

Overall score: _____________________________

Overall outcomes: _____________________________

____

____

My Competition Goals:

Date: ____________________

Competition Meet: ______________________________

Vault: ____

____

____

Uneven Bars: ____________________________________

____

____

Beam: ____

____

____

Floor: ____

____

____

Extra Comments: _________________________________

____

 You're amazing 

My Competition Achievements:

Vault: ____

____

Score: _______________________

Uneven Bars: ____

____

Score: _______________________

Beam: ____

____

Score: _______________________

Floor: ____

____

Score: _______________________

Overall score: _______________________

Overall outcomes: ____________________________________

____

____

My Competition Goals:

Date: _______________________

Competition Meet: _______________________________

Vault: ____

____

____

Uneven Bars: ____________________________________

____

____

Beam: ____

____

____

Floor: ____

____

____

Extra Comments: _________________________________

____

 ...it's a gymnast thing 

My Competition Achievements:

Vault: _______________________________________

____

Score: ____________________

Uneven Bars: _________________________________

____

Score: ____________________

Beam: ____

____

Score: ____________________

Floor: _______________________________________

____

Score: ____________________

Overall score: ____________________

Overall outcomes: ____________________________

____

____

My Competition Goals:

Date: _______________

Competition Meet: _______________________________

Vault: ____

____

____

Uneven Bars: _____________________________________

____

____

Beam: ____

____

____

Floor: ____

____

____

Extra Comments: __________________________________

____

 You can do it! 

My Competition Achievements:

Vault: _______________________________________

____

Score: _______________________

Uneven Bars: _______________________________

____

Score: _______________________

Beam: _________________________________

____

Score: _______________________

Floor: ________________________________

____

Score: _______________________

Overall score: _______________________

Overall outcomes: _____________________

____

____

My Competition Goals:

Date: _______________________

Competition Meet: ___________________________________

Vault: ____

____

____

Uneven Bars: _______________________________________

____

____

Beam: ____

____

____

Floor: ____

____

____

Extra Comments: ____________________________________

____

My Competition Achievements:

Vault: ____

____

Score: _______________________

Uneven Bars: _______________________________________

____

Score: _______________________

Beam: _______________________________________

____

Score: _______________________

Floor: _______________________________________

____

Score: _______________________

Overall score: _______________________

Overall outcomes: _______________________________

____

____

My Competition Meet Goals:

Date: _______________________

Competition Meet: _______________________________

Vault: ____

____

____

Uneven Bars: ____________________________________

____

____

Beam: ____

____

____

Floor: ____

____

____

Extra Comments: _________________________________

____

Don't give up!

My Competition Meet Achievements:

Vault: ____

____

Score: ____________________

Uneven Bars: ______________________________

____

Score: ____________________

Beam: _________________________________

____

Score: ____________________

Floor: _________________________________

____

Score: ____________________

Overall score: __________________

Overall outcomes: ___________________________

____

____

My Competition Meet Goals:

Date: _______________________

Competition Meet: _________________________________

Vault: ____

____

____

Uneven Bars: _______________________________

____

____

Beam: ____

____

____

Floor: ____

____

____

Extra Comments: _____________________________

____

 Aim as high as the stars! 

My Competition Meet Achievements:

Vault: _______________________________________

____

Score: ______________________

Uneven Bars: _________________________________

____

Score: ______________________

Beam: ____

____

Score: ______________________

Floor: _______________________________________

____

Score: ______________________

Overall score: ______________________

Overall outcomes: ____________________________

____

____

My Competition Meet Goals:

Date: _______________________

Competition Meet: _______________________________

Vault: ____

____

____

Uneven Bars: _____________________________________

____

____

Beam: ____

____

____

Floor: ____

____

____

Extra Comments: __________________________________

____

 Gymnastics counts as flying

My Competition Meet Achievements:

Vault: ______________________________________

____

Score: _______________________

Uneven Bars: _________________________________

____

Score: _______________________

Beam: _______________________________________

____

Score: _______________________

Floor: _______________________________________

____

Score: _______________________

Overall score: _______________________

Overall outcomes: ____________________________

____

____

My Competition Meet Goals:

Date: _______________

Competition Meet: _______________________________

Vault: _______________________________

____

____

Uneven Bars: _______________________

____

____

Beam: _______________________________

____

____

Floor: _______________________________

____

____

Extra Comments: _______________________

____

 If you don't try – you won't know
what you're actually capable of! 

My Competition Meet Achievements:

Vault: _______________________________________

____

Score: ___________________

Uneven Bars: ______________________________

____

Score: ___________________

Beam: _________________________________

____

Score: ___________________

Floor: _________________________________

____

Score: ___________________

Overall score: ___________________

Overall outcomes: ______________________

____

____

My Competition Meet Goals:

Date: _______________________

Competition Meet: _______________________________

Vault: ____

____

____

Uneven Bars: ___________________________________

____

____

Beam: ____

____

____

Floor: ____

____

____

Extra Comments: ________________________________

____

 Gymnastics is fun! 

My Competition Meet Achievements:

Vault: _______________________

____

Score: _______________________

Uneven Bars: _______________________

____

Score: _______________________

Beam: _______________________

____

Score: _______________________

Floor: _______________________

____

Score: _______________________

Overall score: _______________________

Overall outcomes: _______________________

____

____

My Competition Meet Goals:

Date: _______________________

Competition Meet: _________________________________

Vault: ____

____

____

Uneven Bars: ______________________________________

____

____

Beam: ____

____

____

Floor: ____

____

____

Extra Comments: ___________________________________

____

 Aim as high as the stars! 

My Competition Meet Achievements:

Vault: ____

____

Score: ___________________________

Uneven Bars: _______________________________

____

Score: ___________________________

Beam: _____________________________________

____

Score: ___________________________

Floor: ____________________________________

____

Score: ___________________________

Overall score: ___________________________

Overall outcomes: _________________________

____

____

My Competition Meet Goals:

Date: _______________________

Competition Meet: _______________________________

Vault: ____

____

____

Uneven Bars: ____________________________________

____

____

Beam: ____

____

____

Floor: ____

____

____

Extra Comments: _________________________________

____

My Competition Meet Achievements:

Vault: _______________________________________

____

Score: _______________________

Uneven Bars: _______________________________

____

Score: _______________________

Beam: _________________________________

____

Score: _______________________

Floor: ________________________________

____

Score: _______________________

Overall score: _______________________

Overall outcomes: _____________________________

____

____

Overall scores

Competition: _______________________

Score: _______________________

Competition: _______________________

Score: _______________________

Competition: _______________________

Score: _______________________

Competition: _______________________

Score: _______________________

Competition: _______________________

Score: _______________________

Competition: _______________________

Score: _______________________

Competition: _______________________

Score: _______________________

Competition: _______________________

Score: _______________________

Overall scores

Competition: _______________________________

Score: _______________________________

Competition: _______________________________

Score: _______________________________

Competition: _______________________________

Score: _______________________________

Competition: _______________________________

Score: _______________________________

Competition: _______________________________

Score: _______________________________

Competition: _______________________________

Score: _______________________________

Competition: _______________________________

Score: _______________________________

Competition: _______________________________

Score: _______________________________